리프레시

Text Copyright © 2016 Michael Moynagh and Rob Peabody.

Original edition published in English under the title *Refresh* by Lion Hudson Ltd, Oxford, England. This edition copyright © 2016 Lion Hudson Ltd.

This Korean edition is published by arrangement of Lion Hudson Ltd through rMaeng2, Seoul, Republic of Korea.

This Korean translation edition © 2020 by NEWSNJOY, Inc.
97, Toegye-ro 36ga-gil, Jung-gu, Seoul, Republic of Korea.
All illustrations in this Korean edition are from shutterstock.com.
(See p.102 for credits.)

이 한국어판의 저작권은 알맹2 에이전시를 통하여 Lion Hudson IP Ltd와 독점 계약한 뉴스앤조이에 있습니다. 신저작권법에 의하여 한국 내에서 보호받는 저작물이므로 무단 전재와 무단 복제를 금합니다.

# 리프레시

교회 밖에서 교회로 살아가는 새롭지만 낯설지 않은 방법

마이클 모이나 · 롭 피보디 지음
강도현 옮김

**NEWS&JOY**

얇지만 깊고, 쉽지만 강하다. 이 책을 읽는 30분간의 느낌이다. 선교적 교회 운동에 관여하다보면, 어떻게 해야 부유하는 담론을 지상의 삶으로 착근시킬 것인가 고민하게 된다. 행동주의 편으로 시소가 기울어지면 어느덧 왜 선교적 교회인가에 대한 근본적 성찰이 희미해지곤 한다. 그래서 이유와 방법을 동시에 알려 주는 책이 필요했다. 기왕이면 쉽고 짧아야 함께 읽고 공동의 과제를 상상하기에 더 좋지 않겠는가. 『리프레시』가 딱 그런 책이다. 이 책에서 소개하는 선교 모델인 '교회의 새로운 표현'(Fresh Expressions of Church)은 영국 성공회로부터 시작되었지만, 이미 다른 나라들의 장로교, 감리교, 침례교 등에서도 응용되고 있다. 따라서 교파적으로나 문화적으로 맞지 않을 것이라는 선입견 때문에, 이 작은 책이 지니는 대단한 효율적인 가치를 놓치지 말자. 이 책은 예수님의 대속 사역으로 구원받은 사람들이 그분의 이야기를 자신들의 일상생활에서 어떻게 지속해야 할지를 알려 주고 있다. 알려 주는 전략이라는 것은 단순하다. 복음에 헌신하는 두 세 사람이 이웃을 섬기는 삶을 시작하라는 것이다. 단순한 이야기지만 오랫동안 교회를 형식과 제도로만 생각해왔기에, 새로운 교회의 길이 우리 곁에 있었다는 사실에 소스라치게 놀라게 된다. 교회 밖의 그리스도인을 가리키는 용어가 '가나안 교인'이었다면, 교회 밖에서의 교회는 바로 '교회의 새로운 표현'일 것이다. 그러나 가나안 현상과 달리 교회 밖에서, 교회를 새롭게 표현하는 일에는 모두가 동참할 수 있다. 교회 개척 등의 새로운 사역을 준비하는 이들은 창의적 설계자로서, 기성 교회의 목회자들은 건강한 협력자로서, 그리고 모든 하나님의 백성들은 일상에서의 선교적 각성을 통해 새롭지만 오래된 교회에 참여할 수 있게 된다. 『리프레시』가 작지만 기특한 길잡이가 될 것이다.

**김선일** 웨스트민스터신학대학원대학교 교수

다른 누구보다 우리 교회 성도들과 함께 읽으며 이 책이 그리는 교회의 모습이 바로 우리가 꿈꾸는 교회였다고 힘주어 말하고 싶다. 목회자라면 지갑을 열고 이 책을 구입해 교회 리더들에게 건네라. 최고의 선물이 될 것이다.

**김종일** 동네작은교회 담임목사, '개척학교 숲' 대표코치

코로나19 팬데믹으로 한국교회는 그동안 진행되던 선교적 위기 상황을 10년은 앞당겨 직면하고 있다. 만나는 성직자들과 교회 지도자들은 길을 잃은 느낌이라고 말한다. 그 말은 그동안 걸어온 익숙한 길과 방식만으로는 더 나아갈 수 없다는 고백처럼 들린다. 교회란 무엇인가? 예배란 무엇인가? 선교란 무엇인가? 그리스도인이 되고, 그리스도인으로 살아간다는 것은 무엇인가? 지금 한국교회는 교회 안과 밖에서 터져 나오는 근원적인 질문들 앞에 서 있다. 그런 질문들 앞에 선 한국교회와 그리스도인들에게 이 작은 책의 번역과 출판은 매우 시의적절하고, 반가운 일이 아닐 수 없다. '교회의 새로운 표현'은 한국교회보다 훨씬 앞서 선교적 위기를 경험한 영국교회가 맞닥뜨린 질문과 응답으로 등장한 선교 모델이다. 이 책은 '교회의 새로운 표현'과 그것을 실천하는 파이오니아 사역을 누구나 쉽고 명료하게 이해하도록 돕는다. 그뿐 아니라 자신의 현장에서 사역을 시작하려는 이들에게 새로운 선교적 상상력과 사역을 위한 구체적 안내와 지침을 제공한다.

**김홍일** 대한성공회 희년교회 사제, 한국샬렘영성훈련원장

교회다움은 단순히 주일과 예배당이라는 특정 시공간에 의해 규정되지 않는다. 교회다움은 하늘과 땅이 만나는 시원적 사건인 '하나님의 창조'에서, 예수 그리스도를 통해 하늘이 땅으로 내려오는 성육을 거쳐 만물이 치유되고 회복되는 '새 창조'를 통합하는 하나님의 경륜, 하나님의 살림(경제)에서 가장 명료하게 드러난다. 오늘날 사람들이 교회를 낯설게 느끼는 것은 교회가 교회다움을 상실했기 때문이다. 교회는 본래 세상을 순례하는 나그네 공동체로서 세상과 소통하고 세상에 참여하는 특성을 띠고 있다. 교회 밖과 교회 안을 나누려는 제도권 교회의 시도는 본래 성서가 말하는 공동체와 괴리된 이원론의 산물이다. 그렇다고 교회가 세상과 같다거나 구별이 없다는 말은 아니다. 오히려 세상이 작동하는 방식과 구별되는 가치관과 생활 방식을 추구할 때 교회는 사람들과 진정으로 소통하고 유대감을 형성할 수 있다. 교회의 소통 방식과 가치관은 공동체의 창조적 이야기와 일상에서 예수를 따르는 삶을 통해 지속적으로 형성되고 재형성되며 변혁된다. 이것이 교회가 이웃과 나눌 수 있는 유일한 이야기다.

코로나19 팬데믹으로 인해 모든 관계가 뒤틀리고 와해되는 상황에서 교회가 세상에 제시해야 할 것은 새로운 삶의 방식으로서 교회다움과 신자다움을 회복하는 것이다. 이 책은 그것을 "리프레시(Re-Fresh)"라 부른다. 교회가 선포하는 증언은 단순히 말의 문제가 아니라, 행위와 삶의 문제이며 더 나아가 말과 삶의 분리를 극복하는 형성의 문제다. 이 책은 많은 사람들이 잃어버렸거나 전혀 경험해 보지 못한 집(가족과 가정)의 원형인 초대교회와 같은 공동체를 형성하는 방식과 함께 일견 고통스럽고 눈물겨우나 아름다운 사례들을 담고 있다. 복음의 본질을 담아내는 새로운 형태의 교회를 알고 경험하기 원하는 모든 이가 반드시 성찰해야 할, 공동체 형성을 위한 실제적 안내 지침이다. 창조적으로 길 위의 공동체를 형성하는 순례 여정을 함께 출발해 보자!

**최형근** 서울신학대학교 교수, 협동조합 프레시익스프레션즈코리아 (FX Korea) 이사장

## 차례

1. 왜 이 책을 읽어야 하나요? ▶ 11
2. 당신이 꼭 알아야 할 다섯 가지 ▶ 23
3. '교회의 새로운 표현(FX)은' 무엇인가요? ▶ 33
4. 시작하는 방법 ▶ 43
5. 제자를 만드는 방법 ▶ 55
6. 예수님의 제자로 성장시키기 ▶ 65
7. '교회의 새로운 표현(FX)'을 재생산하기 ▶ 75
8. 열매 살피기 ▶ 85
9. 그래서 어떡하죠? ▶ 95

주 ▶ 99
도움이 될 만한 저자들의 다른 책들 ▶ 101

예수님은 당신이 용서받고 영원한 생명을 얻게 하시려고
죽으셨습니다.
예수님은 당신이 자유를 누리도록 죽으셨습니다.
예수님은 당신이 풍성한 삶을 경험하도록 죽으셨습니다.
예수님은 당신이 원래 창조된 목적대로 평화와 안식, 충만함 등
모든 것을 누리게 하시려고 죽으셨습니다.
예수님은 당신이 죄로 인해 사망에 이르지 않도록 죽으셨습니다.
예수님은 당신을 본향으로 인도하시려고 죽으셨습니다.
예수님은 당신을 위해 죽으셨습니다.

많은 이들은 바로 여기서 이야기를 멈춥니다. 위에 나열한
문장들이 많은 그리스도인의 신앙을 규정하는 실질적인
신학이지요. 복음의 이야기는 끝나고 당신의 이야기만 남습니다.

이것이 정말 복음의 참모습일까요? 어쩌면 복음의 본질을
어딘가에서 놓치지는 않았을까요? 바로 당신이 복음의 본질을
놓친 사람이라면 어떡하시겠습니까?

하나님의 구원 이야기가 당신으로 시작해서 당신으로 끝나는 것은
아닐지도 모릅니다. 어쩌면 하나님은 더 큰 그림을 그리고 계시지
않을까요?

그리고 함께 그 그림을 그리자고 하나님께서 당신을 초대하신다면
어떻게 반응하시겠습니까?

# 1
# 왜 이 책을
# 읽어야
# 하나요?

이 책에서 우리는 단순히 어떤 교회에 다닐지 이야기하려는 게 아닙니다. 중요한 것은 '나는 어떤 교회가 될 것인가?'입니다.

예수님께서 부활하심으로써 우리를 새로운 삶으로 초청하셨지요. 그 초청에 걸맞은 삶을 어떻게 살아 낼 것인가? 그것이 우리의 관심입니다.

**참 멋진 질문 아닌가요?**

어쩌면 조금 벅찬 질문일 수도 있겠습니다. 쉬운 질문은 아니지요. 그러나 30분만 투자하신다면 어느 쪽이 옳은 방향인지 보실 수 있을 것입니다.

예수님이 당신에게 원하시는 것, 그리스도인으로 사는 것은 그렇게 복잡하지 않습니다. 이론적으로 엄청나게 공부해야 알 수 있는 것들이 결코 아닙니다. 사실은 간단합니다. 누구에게나 열려 있는 선물입니다.

조용한 카페를 찾으시고 차 한 잔 마시면서 30분만 저에게 주시겠습니까? 예수님과 함께하는 30분이 당신의 우선순위를 영원히 바꿀지도 모릅니다.

예수님께서 이 세상에 오셨을 때 어떤 의도를 가지고 계셨을까요?

복음서가 그리는 예수님을 보면 반복적으로 하나님 나라를 이야기하고 설명합니다. 하나님 나라의 일원으로 살아가는 것이 어떤 모습인지 직접 보여 주시죠. 예수님의 삶이 바로 그 모델입니다. 그분의 모든 말씀이 하나님 나라를 증거합니다. 하나님 나라를 살아가는 것이 무엇인지 행동으로 보여 주십니다. 그리고는 어떤 시대에 사는 누구라도 하나님 나라를 살아갈 수 있도록 초청하십니다. 바로 죽음과 부활로 말이지요. 그의 죽음과 부활을 통해 우리는 예수님과 같이 하나님 나라를 살아 낼 수 있습니다.

그리고 하나님 나라를 이웃에게 전할 수 있습니다.

사실 그 부분이 이 모든 이야기에서 가장 흥미로운 지점입니다. 예수님은 승천하실 때 흔치 않은 작별 인사를 하셨죠. 자신이 떠나고 나면 예수님을 중심으로 모인 공동체에 성령님이 오실 것이라고 말씀하셨습니다. 그리고 성령님의 권능을 받은 공동체가 온 세상의 증인이 될 것이라 하셨습니다.

이 작별 인사를 보면 예수님이 어떤 의도를 가지고 이 땅에서 살아가셨는지 조금 더 명확해집니다. 하나님은 이 땅에 예수님을 보내시면서 미션을 주셨습니다. 그리고 예수님도 우리를 보내시면서 같은 미션을 주십니다.

예수님은 이 땅에서 보내신 그다지 길지 않은 기간에 책을 쓰시거나, 건물을 짓거나, 종교 시스템을 구축하시지 않았습니다. 예수님은 이 세상에 공동체를 남기셨습니다. 예수님과 하나님 나라를 세상에 소개할 공동체를 말이지요.

예수님은 당신을 구경꾼으로, '선데이 크리스천'으로 부르지 않았습니다. 주님은 당신을 그분의 공동체로 초대합니다. 하나님 나라를 이웃과 나누는 미션을 가진 공동체로 말입니다. 당신을 통해 이웃들이 하나님 나라의 진가를 발견하기 원하십니다. 하나님 나라는 친절과 환대가 넘치고, 정의가 빛나는 곳입니다. 지구 환경을 지켜내는 데 열정을 쏟아냅니다. 예수님의 현존이 피부로 느껴지는 현장입니다.

하나님은 당신을 특별하게 창조하셨습니다. 당신만이 할 수 있는 방식으로 이웃들에게 하나님 나라를 소개하길 원하십니다. 그 일을 위해 당신에게만 특별한 재능을 주셨습니다.

## 당신이 알아야 할 것이 있습니다

아주 특별한 운동이 우리 시대에 일어나고 있습니다. 많은 이가 이 새로운 운동에 주목합니다. 서양에서는 이미 상당한 영향력을 발휘하는 중이고 전 세계적으로 빠르게 퍼지고 있습니다. 이 운동을 우리는 "교회의 새로운 표현Fresh expressions of church"이라고 부릅니다.

이름이 좀 아이러니하다고 해야 할까요? 한편으로는 이 운동의 이름처럼 완전히 새로운 현상들이 일어나고 있습니다. 그런데 다른 한 편을 보면 전혀 새롭지 않습니다. 이름 자체가 그렇죠. 새로움과 오래됨이 함께 느껴집니다.

천천히 설명해 볼까요?

새로운 교회들에 대해 들어 보신 적 있나요? 선교적 교회, 오가닉 교회, 카페(펍) 교회, 신수도원 커뮤니티 등 기존 교회와는 다른 모습의 교회들이 출현하고 있습니다.

우리는 기존 교회에 익숙합니다. 십자가 달린 건물에 누구나 들어올 수 있는 큰 문이 있습니다(물론 서양 교회 상황을 보자면 그 문에 들어오는 사람이 별로 없지만 말이지요). 그런데 지금 소개하는 교회들은 사뭇 다릅니다. 노숙자가 많이 모여 있는 지하철역에 있기도 하고요. 아파트 숲

어딘가 한 가정집일 수도 있습니다. 빨래방을 함께 사용하거나 영어를 배우는 사람들로 구성되기도 합니다. 심지어 해변에서 모이기도 하니까요(브라질에는 300개 넘는 서핑 교회가 있답니다!). 물론 직장에서 모이는 사람들도 있지요. 사람들이 모이는 어디든지 새로운 교회가 세워집니다.

이 새로운 기독교 커뮤니티는 기존 교회로 사람을 끌어모으기 위한 과정이 결코 아닙니다. 갈수록 기존 교회를 찾는 비신자가 줄어드는 상황에서 교회로 그들을 초청하는 것이 아니라 그들이 생활하는 현장 한가운데에 교회를 세우는 것입니다.

바로 이 운동을 '교회의 새로운 표현(이하 FX)'이라고 부릅니다. 기존 교회와는 다른 형태로, 잃어버린 영혼을 찾아 그들을 섬기는 데 초점을 맞춘 모든 커뮤니티를 포괄하는 개념입니다. 이 커뮤니티들은 주로 교회 건물 밖에서 활동합니다.

어떤 의미에서는 그 이름대로 완전히 새로운 운동입니다. 전혀 예상하지 못했던 새로운 공간에서 전혀 예상하지 못했던 방식으로 튀어나오니 말입니다. 이 부분은 다음 장에서 더 자세히 다루겠습니다.

그러나 다른 한편으로 이 '새로운' 형태의 교회들은 전혀 '프레시fresh'하지가 않습니다. 그들은 어쩌면 1세기 교회의 모습을 회복하는 것일 뿐입니다. 우리가 아는 초대교회들이 바로 이러한 모습을 띠고 있었습니다. 그들 대부분은 집에서 모였습니다.

집이야말로 우리 삶의 중심 아니겠습니까? 요즘에는 가족과의 일상뿐 아니라 우리의 관계 네트워크, 심지어 생업조차 집에서 해결하는 경우가 많습니다. 고대 폼페이에서 발굴된 집 절반에서 작업장, 원예 공간 등 생업에 관련된 유물이 나왔습니다. 그렇다면 초대교회는 바로 일상의 현장에서 모였다는 것을 알 수 있습니다.

초대교회 성도들은 대부분 가까운 거리에 살았습니다.
가진 것을 서로 나누었고 서로에 대해 아주 잘
알았습니다. 함께 기도하고 예배했습니다. 하나님의
말씀을 공부하고 주변의 이웃을 돌보았습니다. 누구든
함께하고자 하는 이들에게 열려 있었습니다.[1] 이게 바로
그들이 '교회'라고 부른 것이있습니다.

너무도 다르고 너무도 매력적인 모습이었습니다. 교회 밖
사람들은 자신이 목격한 교회의 모습에 빠져들었습니다.
매일 믿는 자가 늘어났고 하나님의 구원 역사가
펼쳐졌습니다.[2]

교회에서 성도들은 진정한 변화를 경험했습니다.
믿는 자들뿐만 아니라 그들의 친구와 이웃들마저도
변화시켰습니다. 새로운 길을 걷는 이들로 인해
도시의 기존 질서가 깨질 지경이었습니다.[3] 상업, 종교,
라이프스타일, 예술, 그리고 사회 구조에 이르기까지
이 그리스도인들이 영향력을 미치지 않는 분야가
없었습니다. 일상에서 예수의 삶을 살아내면서 사회
전체에 균열을 일으킨 것입니다.

사도행전에 나오는 교회들이 바로 FX들입니다.
얼마나 새로웠던지 인류 역사에서 보지 못했던 새로운
공동체였습니다. 예수님을 통해 하나님은 완전히 새로운
일을 시작하고 계셨던 겁니다.

교회는 회당과는 달랐습니다. 사람들이 일주일에
한 번 들렀다 가는 성전과도 달랐습니다. 전혀
새로운 모습이었습니다. 처음으로 세상에 예수
공동체Community를 이룬 것입니다. 이 일상의 커뮤니티는
바깥에 있는 사람들을 섬기는 데 순전히 헌신했습니다.
교회는 믿는 자들에게 주어진 선물이 아니라 세상에
주는 하나님의 선물이었습니다.

우리가 말하는 FX는 그 오래전 초대교회의 모습이기도
합니다. 바로 지금 우리에게 필요한 교회입니다.

## 당신에게 꼭 필요한 이야기입니다.

FX에는 당신이 교회에서 기존에 경험한 것들을 완전히
뒤바꿔 놓을 만한 힘이 있습니다. 예수님을 만나고
관계하는 방식이 근본적으로 바뀔 것입니다.

당신과 당신이 아는 신앙인들에게 자극이 좀 필요한 것
같지는 않나요?

매주 교회에 나가지만 활기도 없고 삶과 동떨어진 채
특별할 것 없는 그 시간들을 흘려보내고 계시지는
않나요?

일상이 느릿느릿 기어가는 것만 같고 삶에서 어떤 변화도 느끼지 못하는 것은 아닌가요? 스스로에게 이렇게 말해 본 적은 없는지요? "이건 아닌데, 뭔가 더 있을 것 같은데…."

그와 같은 종류의 질문을 되뇌신 적이 있다면….

그렇다면 예수님이 시작하셨던 사역들로 돌아갈 때입니다. 하나님 나라의 위대한 이야기 속에서 당신의 자리는 어디인지 새로운 상상의 나래를 펼쳐야 합니다. 성령께서 당신을 어디로 부르시는지 새로운 시각으로 살펴볼 필요가 있습니다. 바로 지금 하나님의 뜻 안으로 새로운 여정을 시작할 때입니다. 당신을 향하신 뜻을 향해.

- 현재 출석하고 있는 교회나 크리스천 커뮤니티의 모습은 어떠한가요?

- 초대교회가 오늘날 기존 교회들과 다른 점이 있다면 어떤 것들일까요?

- 그리스도인으로서의 삶에 어떤 변화가 필요하다고 느끼시나요? 그렇다면 예수님이 말씀하신 하나님 나라의 풍성함을 누리는 데 가장 방해되는 요소는 무엇인가요?

- '교회를 다니는 것'과 '교회가 되는 것'의 차이는 무엇일까요?

# 2 당신이 꼭 알아야 할 다섯 가지

삶 속에서 교회를 이루어 가기 원하신다면 알아야 할 다섯 가지를 말씀드리고자 합니다.

## 1. 하나님은 미션얼(Missional)하십니다. 그리고 우리가 기도하는 마음으로 함께하길 원하십니다.

이는 성경이 말하는 큰 주제 중 하나입니다. 하나님의 미션, 곧 그의 구원 사역은 그가 창조하신 이 세계를 온전하게 만드시는 것입니다(창 12:3, 요 3:17, 계 21:1-4).

하나님에게 선교는 창조 때부터 지금까지 핵심 이슈입니다. 성부께서 어느 날 갑자기 '선교가 참 좋아 보이네, 한 번 해볼까'라고 하셨을 리 없겠죠. 하나님은 어제도, 오늘도, 내일도 한결같은 분이시니까요. 그분의 특성은 시간에 따라 변하지 않습니다(히 13:8). 사실 하나님에게는 과거나 미래 개념이 성립되지 않습니다. 언제나 현존하시기 때문에 그분이 미션얼하시지 않은 때는 있을 수 없습니다.

따라서 선교는 언제나 하나님께 첫 번째 우선순위였습니다. 그분의 존재 자체가 미션얼하다고 할 수 있습니다.

그러니까 우리 그리스도인들에게도 선교는 언제나 첫 번째입니다. 우리는 하나님을 닮은 존재이기 때문이죠. 선교를 추가 메뉴 정도로 생각해서는 안 됩니다. 언제나 우선순위이어야 합니다. FX는 선교를 새롭게 바라보는 시각에서 시작됩니다.

## 2. 하나님은 삶의 현장에서 일어나는 커뮤니티를 통해 선교하기 원하십니다.

선교를 홀로 하는 것은 바람직하지 않습니다. 함께 해야 합니다. 마치 성부, 성자, 성령께서 함께하시듯 말이죠. 예수님은 항상 성부와 연결되어 계셨습니다(요 8:28). 그리고 성령의 인도를 받으셨죠(눅 4:1). 주님은 커뮤니티로 함께 움직이셨습니다.

예수님은 또한 제자들과 커뮤니티를 이루셨죠. 모든 일상을 제자들과 나누셨습니다. 제자들에게 선교가 무엇인지 가르치시고는 짝을 지어 마을로, 도시로 보내셨습니다. 사람들이 일상을 보내는 장소로 말이지요(눅 10:1).

초대교회는 대체로 집에서 모였습니다. 가정생활의 현장이자 당시에는 사회적 활동, 생산활동이 이뤄지는 일상의 현장이었죠. 이들은 일상에서 예수님을 증거했고

자신들이 속한 커뮤니티 안에서 활동했습니다. FX는
초대교회가 보여 준 모델을 따릅니다.

새롭게 태어난 하나님의 선교 커뮤니티들은 예수님께서
정해진 시간에 모든 것을 이루실 거라는 믿음을 세상에
선포했습니다. 삶의 모든 영역에 예수님의 통치가
충만하게 채워질 것입니다(엡 1:23). 언젠가는 예수님이
존재하는 모든 것과 함께하실 것입니다.

스케이트보드장에서 만들어진 LegacyXS*는 FX가 미래에 사회 모든
분야에서 어떻게 예수님의 몸을 이룰지 잘 보여주는 사례입니다.[4]
(* https://youtu.be/qHOYhCPHz20를 참고하세요. - 옮긴이)

## 3. FX는 예수님과 함께 커뮤니티를 만드는 선물입니다.

최고의 선물은 받는 사람의 필요를 채워주는 선물이겠지요. 선물 받는 사람이 무엇을 좋아하고 어떤 것을 바라는지 안다면 좋을 것입니다. 술을 전혀 마시지 않는 사람에게 좋은 와인 한 병을 선물한다면 어떤 기분이 들까요? 교회라는 선물도 마찬가지입니다.

친구에게 신앙 공동체를 소개하려고 할 때 어쩌면 기존 교회를 안내하는 게 적절할 수도 있습니다. 그러나 모든 사람에게 딱 맞는 커뮤니티는 존재하지 않습니다. 어떤 이들에게는 다른 커뮤니티가 필요합니다.

처음으로 교회에 가보려고 하는데 찾아가기 어렵거나 맞추기 힘든 시간에 모인다고 생각해 보세요. 게다가 예배 형식은 너무 어색하고요. 교회가 사람들과 연결되지 않는다면 더이상 하나님이 주신 선물이 될 수 없겠죠. 이런 상황에서는 교회라는 선물을 다르게 포장해야 합니다. 예수님과 함께 만드는 새로운 커뮤니티로 말이지요. 그들의 삶에 적절한 새로운 모습의 교회가 필요합니다. 예수님의 선물을 전달하기 위해서 교회는 사람들의 삶에 관여해야 하고 그럴 수 있는 형태로 변화해야 합니다.

> 가령 푸드뱅크를 통해 생계를 이어가며 신앙 공동체를 찾는 분들에게 기존 교회는 쉽게 다가갈 수 없는 곳입니다. 현실적으로 가기 어렵기도 하지만 정서적인 벽이 높지요. 그분들에게 토요 모임은 기독교 커뮤니티로 들어올 수 있는 창구가 됩니다.

FX는 우리가 교회에서 자주 접하는 성찬 예식을 닮았습니다. 빵을 떼어 각 사람에게 나누듯이 교회가 나뉘어 새로운 커뮤니티를 형성하고 교회 밖 사람들에게 전달됩니다.[5]

## 4. FX는 선교의 여러 측면을 포괄합니다.

FX는 위대한 계명(마 22:35-40, 이웃을 사랑하는 것)과 위대한 사명(마 28:19-20, 제자 삼는 것)을 함께 이룹니다. 예수님은 이 두 말씀을 동시에 삶으로 보여 주셨고 초대교회도 예수님을 따랐습니다. 복음을 전하면서 가난한 자들을 돌보았지요. 이 두 계명은 자연스럽게 최상의 조합을 이룹니다.

FX도 이 둘을 함께 묶어 냅니다. 대개 사랑을 담아 이웃을 돌보는 것으로 시작합니다. 수다를 떨 수 있는 공간을 마련한다든지, 재능 기부로 지식을 전달하는 것이나 노숙자와 함께 일하기 등 이웃 섬김을 통해 출발합니다.

그다음 단계는 섬김을 받은 분들과 커뮤니티를 형성하는 것입니다. 그렇게 모인 분들 중에 예수님을 궁금해하는 분들과 자연스럽게 신앙을 나누게 됩니다. 그런 과정을 통해 교회의 모습을 점차 갖추게 되지요.

이 새로운 교회의 목표는 그렇게 만나는 사람들, 더 넓게는 그들의 이웃들과 네트워크 안에 있는 사람들이 성령님을 통해 변화하는 것입니다.

## 5. FX는 성장하고 있습니다. 숫자가 증명합니다.

영국에서만 다양한 교단에서 3500개가 넘는 FX가 시작되었습니다. 연구에 의하면 2014년 기준으로 영국 교회 전체 교구 중 13.5퍼센트에 해당하는 교구에 FX가 형성되었습니다.

무엇보다 가장 신나는 것은 새롭게 모인 성도의 4분의 3이 기존 교회를 출석하지 않았던 분들이라는 리더들의 보고입니다.[6] 대부분이 하나님 나라 커뮤니티에 새로 들어온 사람들입니다.

FX는 교회의 미션을 재확인함으로써 하나님나라가 확장되도록 돕고 있습니다.

- 교회가 우리 이웃들에게 선물이라는 생각을 한 번이라도 해 본 적 있나요? 당신의 친구들을 잠시 생각해 볼까요? 그 친구분들에게 교회는 어떤 적절한 선물을 줄 수 있을까요?

- 왜 많은 그리스도인들이 미션(선교)을 옵션으로 생각할까요?

- 함께 미션(선교)을 수행하는 친구가 있나요? 한번 리스트를 만들어 볼까요?

- 함께 미션(선교)을 수행하는 커뮤니티로서 어떤 계획을 하고 있나요?

# 3 '교회의 새로운 표현(FX)'은 무엇인가요?

FX 운동은 유럽과 미국, 캐나다, 호주 등에서 광범위하게 일어나고 있습니다. 영국에서 가장 큰 교단인 영국 성공회 소속 교회 중 8분의 1이 이 운동에 참여하고 있습니다.[7]

## 그런데 정확하게 뭘 하자는 것인가요?

FX라면 없어서는 안 될 필수 요소들이 있습니다. 선교적이어야 하고, 상황적이며, 신앙의 성장을 중시하면서 공동체적입니다. 다르게 표현하자면:

- 교회 밖 사람들을 돌보고 섬깁니다.

- 상황에 맞는 형태를 취합니다. 섬기려는 사람들의 이야기를 먼저 듣고 그들의 삶 속으로 들어갑니다.

- 제자를 양성합니다. 예수님의 발자취를 따르기 위해서 사람들을 모으고 함께 걷습니다.

- 삶의 현장에서 교회를 세웁니다. 기존 교회에 사람들을 불러모으기 위한 방편이 아닙니다. 기존 교회에 참여하기 어려운 사람들을 위하여 그들의 삶 한가운데에 세우는 교회입니다.

예를 들어 볼까요.

작은 동네에 요리를 좋아하는 세 명의 크리스천 여성이
있었습니다. 청소년들을 집으로 초청하여 요리 강습을 열었습니다.
물론 요리한 음식을 함께 먹었지요. 함께 식사를 하면서 삶 속에
일어나는 이야기들을 나누기 시작했습니다. 그리고 적절한 타이밍에
그들의 신앙이 어떤 의미인지도 나눌 수 있었습니다.

식사는 항상 기도로 시작했습니다. 청소년들은 기도 시간에
그들이 감사하게 생각하는 것들을 이야기했고 기도 제목을
나누기도 했습니다. 모두 종이에 기도문을 적어 큰 접시에 넣고 나면
돌아가면서 기도문을 추첨하여 뽑은 기도문을 읽어 주었습니다.

청소년들은 크리스천 신앙이 어떤 것인지 점점 더 알아갔고
결국에는 "쿡앳채플(Cook@Chaple)"이라는 새로운 기독교
커뮤니티가 시작되었습니다.

비슷한 그룹이 곳곳에서 만들어지고 있습니다.[8]

FX들은 여러 이름으로 불립니다. 선교적Missional 공동체, 오가닉 교회, 교회 개척, 카페 교회, 신수도원 공동체, 대안적 예배 공동체, 제자훈련 그룹, 기독인 모임 등 어떤 이름을 갖다 붙여도 될 정도입니다. 형태도 다양하고 모이는 수도 제각각입니다. 그러나 한 가지 공통점은 각 현장의 상황을 반영한다는 것입니다. 그들이 생활하는 공간과 환경에 완전히 부합하는 형태로 모임이 만들어집니다.

한 가지 확실하게 짚고 넘어갈 것은 FX가 기존 교회보다 우월하거나 더 나은 교회가 결코 아니라는 점입니다. 기존 교회로부터 출발했고 기존 교회를 보완합니다. 기존 교회는 현재 정착한 영역 안에서 사람들을 만나지만 FX는 그 영역 밖에서 사람들과 소통하고 그들을 섬깁니다. 두 교회가 서로를 지지하면서 공고한 파트너로 존재할 수 있습니다. 이렇게 함께 공존하는 형태를 '혼합 경제'*라고 부릅니다.

---

\* 혼합 경제(mixed ecomony): 자본주의 경제 시스템과 사회적 경제 시스템이 맞물려 돌아가면서 시너지를 극대화하여 각 시스템이 가지고 있는 단점을 보완하려는 개념입니다. – 옮긴이

## 어떻게 작동할까요?

FX는 아래 그림과 같은 과정을 따라 기도하는 마음으로 형성되어 갑니다. 단계마다 하나님 나라 가치를 드러냅니다.

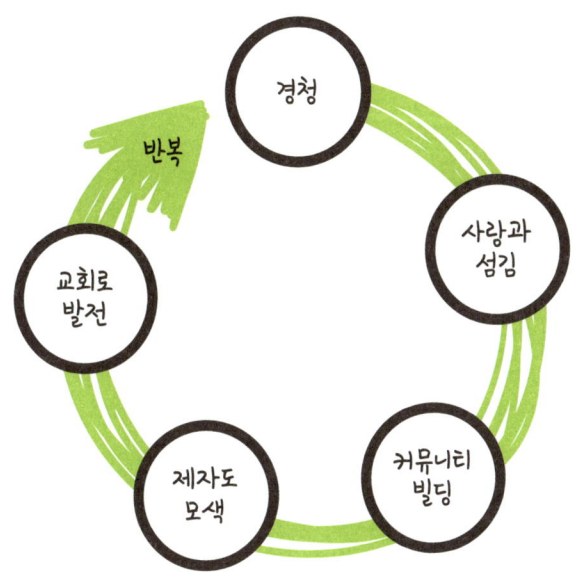

FX는 기도와 지속적인 경청, 공교회와의 관계라는 토대 위에 존재합니다.

우선 자세히 듣는 것에서 시작합니다.

> '디딤돌(Stepping Stone)'은 몇몇 크리스천이 모여 영유아가 있는 가족들을 어떻게 돌볼 수 있는지 고민하면서 만들어진 FX입니다. '해변 소풍 모임'이나 '아빠의 카레와 엄마의 자유'라는 모임을 개설했습니다. [9]

다양한 방식으로 이웃을 사랑하고 섬길 수 있었습니다.
예를 들면:

- 외국인 거주자가 영어를 배울 수 있는 언어 카페 개설

- 모든 연령대가 참여할 수 있는 식사 모임

- 걷기 운동이나 스포츠 모임

- 실업자를 위한 모임

- 소셜 미디어를 기반으로 한 기독인 모임

- 뜨개질 모임

- 직장 커뮤니티 모임

크리스천으로서 이웃을 사랑하고 섬기고자 할 때, 그들의 일상에서 커뮤니티를 만들었습니다. 그리고 상황이 허락한다면 예수님을 소개하고 예수의 제자가 되는 것이 어떤 의미인지 나누기도 합니다.

하나둘 믿음을 갖는 멤버가 생기면 그들을 중심으로 예배 커뮤니티가 만들어질 수도 있습니다. 교회가 무엇인지 맛보게 됩니다. 그렇게 생겨난 예배 커뮤니티는 지역 교회와 협력 관계를 맺습니다. 지역 교회 입장에서는 새로운 교회를 개척하는 사역이 됩니다.

이러한 과정이 제대로 돌아간다면 새롭게 형성된 크리스천 커뮤니티는 같은 과정을 반복하면서 또 다른 커뮤니티를 형성하게 됩니다. "디딤돌"이 더 커져서 두 개의 디딤돌로 나뉘게 되지요.

물론 현실은 도표보다 훨씬 복잡합니다. 각 단계는 서로 겹치기도 하고 뒤바뀌기도 합니다. 다음 장에서 더 자세히 살펴보겠습니다.

## 실용적인 선교

FX는 매우 좋은 선교 방식입니다만 유일한 방식은 아닙니다. 리더들을 상대로 조사했을 때 FX의 주요 모임에 오는 사람 중 대략 3분의 1 정도는 교회에 나간 적이 있지만 더이상 출석하지 않는 사람들이고, 5분의 2 정도는 교회와 거의 관련이 없는 사람들이 나온다고 합니다.[10] FX에 관심을 가지고 출석하는 이들은 대부분 기존 교회 밖에 있던 이들입니다.

아직 대부분이 믿음에 이르지 못했지만, 꽤 많은 사람이 신앙이라는 새로운 여정에 발을 디뎠습니다. 많은 이들에게서 삶의 변화가 일어나고 있습니다.

3분의 1은 교회에 다닌 적이 있지만
더 이상 출석하지 않고 있습니다.

5분의 2는 교회와
거의 관련이 없던 분들입니다.

- 당신이 속한 커뮤니티에 필요한 것들이 무엇인가요? 리스트를 만들어 보세요.

- 교회 밖 사람들이 필요로 하는 것을 채울 수 있는 모임을 친구들과 함께 만들어 볼 수 있을까요? 어떤 모임들이 가능할까요?

- FX를 시작하고 선교적으로 살아가는 데 있어 가장 중요한 요소는 다른 사람의 이야기를 듣는 것입니다. 당신이 이번 주에 이야기를 들어 봐야 할 사람은 누구인가요?

- 예수님의 나라가 더 가까워지기 위해 누구의 이야기를 들어야 할까요?

# 4 시작하는 방법

## 1단계.
## 동료 크리스천에게 물어보기

하나님은 우리가 팀으로 일하기를 원하십니다. 그것이 하나님의 전략이자 원대한 디자인입니다. 예수님도 제자들을 세상에 보내실 때 짝을 지어 보내셨습니다(눅 10:1). 당신도 FX를 시작하기 원하신다면 기도하는 마음으로 함께 할 동료 크리스천을 찾으십시오.

## 2단계.
## 가진 것으로 시작하기

당신은 누구입니까? 어떤 것들을 알고 있나요? 누구를 알고 있나요? 무엇을 가졌나요?

어디에 열정을 쏟아붓고, 어떤 것들에 관심을 두나요? 요리? 사진? 축구?

기술을 가졌나요? 자전거를 손볼 줄 아세요? 아니면 웹사이트를 구축할 수 있나요?

당신의 열정을 누구와 나누고 싶나요? 도움의 손길을 요청할 사람이 있나요? 예를 들어, 사람들과 함께 자전거 투어를 간다고 상상해 보죠. 투어를 마치고 돌아왔을 때 투어에 참여한 사람들에게 맛있는 저녁을 대접할 수 있는 크리스천 친구 두 사람을 찾을 수 있나요? 그렇다면 일상에서 더 깊은 교제를 나누는 기회를 얻을 수 있을 겁니다.

무엇을 가지고 있나요? 모임을 할 수 있는 집? 사람들을 태워 줄 수 있는 차? 사람들과 함께 보낼 수 있는 시간?

요약하자면, 당신 손에 들고 있는 것은 무엇이고 그 손으로 누구의 손을 잡아 주겠습니까?

당신이 가진 것들은 모두 독특한 재능이자 기술이고 경험들입니다. 하나님께서 당신의 나라를 위해 당신에게 주신 선물이지요.

잊지 마세요. 항상 선물을 주는 역할만 하지는 않습니다. 때로는 다른 사람들이 당신에게 선물을 주기도 하죠.

루이즈의 예를 들어볼까요?

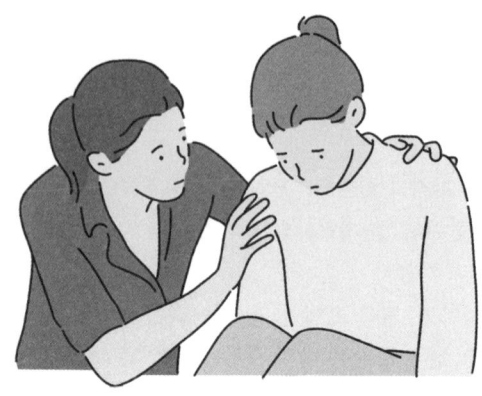

- **누구일까요?** 그녀는 지역 병원에서 일하는 방문 간호사였습니다.

- **무엇을 아나요?** 너무 많은 여성들이 산후 우울증을 겪고 있다는 사실을 알고 있었습니다.

- **누구를 아나요?** 찰리와 샬롯을 알고 있었습니다. 그들은 산후 우울증을 겪는 여성들과 근거리에서 살고 있던 이웃이었죠. 세 사람은 대화를 나누다가 젊은 엄마들을 도울 수 있는 지지 그룹을 만들자는 아이디어를 냈습니다.

- 무엇을 가지고 있나요? 찰리와 샬롯은 모임을 열 수 있는 집이 있었지요. 그들의 집에서 첫 모임을 열었습니다. 그리고 시간이 지나면서 크리스천 커뮤니티로 발전했습니다.[11]

# 3단계.
# 수다 떨기

기도하면서 하나님께 직접 이야기해 보세요. 당신이 돕고자 하는 사람들에게도요. 지혜를 나누어 줄 수 있는 사람들의 이야기에 귀 기울여 보세요. 듣고 배우는 일에 최선을 다해야 합니다. 당신이 할 일은 시작하는 것입니다.

예를 들어, 웹사이트 freshexpressions.org.uk/stories에 접속하시면 200개가 넘는 FX의 이야기를 보실 수 있습니다. 많은 경우 연락처가 함께 나옵니다. 염두에 둔 프로젝트를 이미 시행하고 있는 사람들에게 연락해 보는 것은 어떨까요?

'듣기' 단계를 쉽게 넘어가지 마세요. 정말로 이웃을 섬기기 원하신다면 그들과의 대화를 통해 먼저 배워야 합니다. 그러고 나면 이 여정에서 한 걸음 더 내디딜 수 있을 거예요.

'핫초코(Hot Chocolate)'는 던디 지역에서 청소년들에게 핫초코를 나눠 주던 몇몇의 크리스천이 시작한 FX입니다. 그렇게 만난 청소년들과 대화를 나누다 보니 밴드 연습 공간이 필요하다는 것을 알게 되었습니다. 그들의 필요를 알게 된 것이지요. 핫초코를 나눠 주던 크리스천들은 교회 건물을 연결해 주었습니다(그늘이 가지고 있던 자원으로 필요를 채워 준 거죠).

그렇게 찬양 커뮤니티가 시작되었고 엄청난 성장을 경험했습니다. 크리스천 몇 명이 자신들이 할 수 있는 일에서 시작했죠. 핫초코 만드는 일 말입니다. 정말로 중요한 것은 청소년들이 무엇을 필요로 하는지 귀를 기울였고 필요에 반응했다는 점입니다.[12]

## 4단계.
## 다양한 가능성 꿈꾸기

계속 질문을 던지세요. "만약에…", "만약에 이걸 했다면…", "저렇게 했다면 어땠을까?" 그리고 또 물어보세요. "그렇게 못할 이유가 뭐지?"

"만약에"라는 질문은 "못할 이유가 뭐야?"로 이어집니다. 그렇게 행동에 옮기고 나서는 다시 "만약에" 질문으로 이어가게 되지요. 결국 기도와 함께 이어지는 질문들은 당신이 어디서 시작해야 하는지 답을 알려 줄 것입니다.

디자인 전문가들은 계속해서 다양한 가능성을 시험합니다. 경험이 짧은 디자이너들은 너무 빨리 선택의 폭을 좁혀 버리기 때문에 창의적인 아이디어를 얻지 못하는 경우가 많습니다.[13]

## 5단계.
## 실험하세요. 끝장날 때까지.

상상했던 것들이 정말로 실현 가능할지 적극적으로
시도해 보아야 합니다. 작은 실패를 두려워하지 마세요.
실패했다고요? 다시 시작하면 됩니다. 잃을 것은
작고 얻을 수 있는 것은 무한합니다. 최악의 상황이
무엇일까요? 실패하는 것? 일상에서 우리 자신이 교회가
될 때, 예수님을 위해 새로운 것들을 시작할 때 우리는
엄청난 자유를 경험하게 됩니다.

# 6단계.
## 'FX를 향한 여정'을 시작하세요.

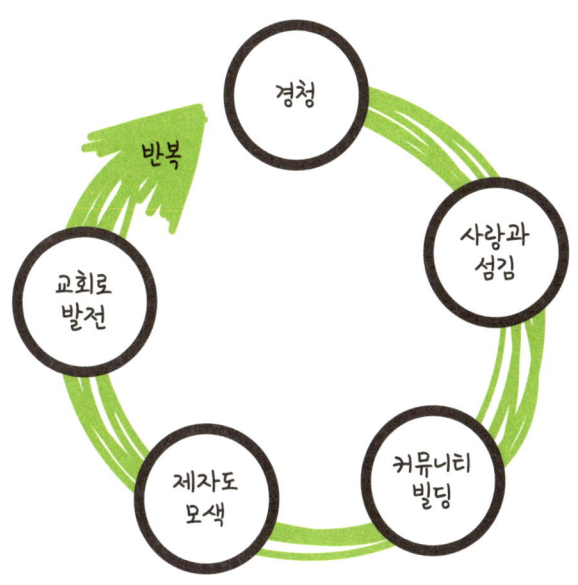

- 하나님의 음성, 그리고 섬기고자 하는 사람들의 목소리를 들으세요.

- 여러분 주위에 있는 이웃들을 어떻게 섬길 수 있는지 찾아보세요.

- 섬기는 분들과 함께 커뮤니티를 형성하세요.

- 예수님의 제자가 된다는 것이 무엇인지 알 수 있는 기회를 제공해 보세요.

- 믿음을 갖게 된 분들과 함께 신앙 공동체를 만드세요.

- 새롭게 믿음을 갖게 된 분들이 비슷한 여정을 시작하도록 격려하고 도와주세요.

지금 생각나는 대로 'FX를 향한 여정' 계획을 세워 보세요. 각 단계들을 아래 공간에 적어 보세요. 이전 페이지에서 단계별로 어떤 이야기들이 있었는지 돌아보고 우리 삶의 맥락 안에서 어떤 것들이 가능할지 써 보겠습니다. 그 누구도 당신이 무엇을 적어야 하는지 정해 줄 수 없습니다. 그저 당신의 상상력이 흘러넘치기를 바랍니다.

1.

2.

3.

4.

5.

6.


무엇을 알고 있나요? 무엇을 가지고 있나요? 어떤 경험들을 했나요? 무엇에 열정을 느끼나요? 절대로 참을 수 없는 것도 있나요?


어쩌면 하나님 나라를 세우고 당신의 이웃들을 섬기기 위해 하나님께서 당신에게 허락하신 것들일지도 모릅니다.


기도하는 마음으로 하나님께서 당신에게 무엇을 말씀하시는지 들어보세요. 하나님께서 당신을 어떻게 사용하기 원하시는지, 주님을 위해 어떤 도전을 하기 원하시는지 성찰해 보세요.

# 5 제자를 만드는 방법

## 체계 찾기

예수님은 당신을 따르던 이들에게 제자 삼으라는 명령을 주셨습니다(마 28:19). 'FX를 향한 여정'은 예수님의 명령을 잘 따르기 위한 체계framework를 제공합니다. 1번부디 3번 단계에서는 하나님 나라의 가치를 담고 있습니다. 그리고 예수님을 알아 갈 수 있는 기회를 제공합니다.

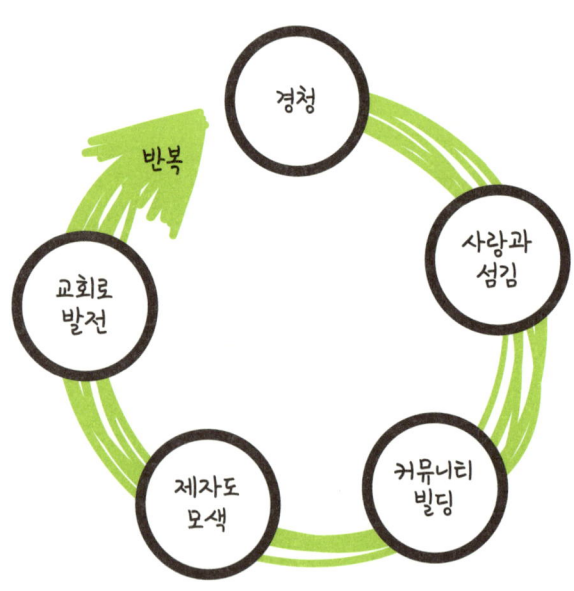

런던의 서쪽 레딩에 위치한 성 로렌스 교회(St Laurence Church) 리더들은 교회에 다녀 본 적이 없는 청소년들을 많이 알고 있었지만 그들을 신앙으로 인도하기가 쉽지 않았습니다.

담임목사는 청소년들을 교회에 초청하여 그들이 무엇을 원하는지, 무엇을 하려고 하는지 알아보고자 했습니다. 그들이 원하는 바를 도표로 그렸더니 'FX를 향한 여정'과 다르지 않았습니다.

첫 번째, 두 번째 단계까지는 진행이 잘 되었습니다. 그러나 리더들은 청소년들이 예수님을 알아 갈 기회가 별로 없다는 것을 깨달았습니다. 그래서 수련회를 통해 청소년들이 예수님을 더 잘 알 수 있는 기회를 제공하기로 했습니다. 한 주간 온전히 예수님을 발견하는 시간으로 채웠습니다. 그러한 노력 끝에 50명의 젊은 크리스천이 모이는 예배 공동체가 만들어졌습니다.[14]

그들이 활용했던 체계를 통해 리더들은 사역의 방향을 볼 수 있었고 현실에 맞지 않는 아이디어는 걸러내면서 적재적소에 필요한 요소를 채울 수 있었습니다. 예를 들어, '클럽'에서 수련회까지는 상당한 거리가 있습니다. 그 거리를 메워 줄 작은 디딤돌들을 만드는 것이 필요했습니다.

# 제자 양육을 위한 작은 디딤돌 만들기

### 그룹 활동을 시작해 보세요

기독교 관점에서 중요한 의미를 갖는 이슈들을 둘러보기 위해 '영성 그룹'을 시작할 수 있습니다. 이렇게 설명할 수 있겠죠. "예수님이 말씀하신 이야기들을 함께 논의해 보려고 해요. 예수님은 전 세계적으로 가장 뛰어난 영적 지도자로 추앙받는 분 중 한 분이니까 그분 이야기에 동의가 되는지 봅시다."

카페 엑스프레션즈Xpressions Café에서는 가족 활동 프로그램과 토의 그룹을 운영합니다. 둘 다 기독교 주제를 다룹니다. 간단한 찬양을 함께 부르기도 합니다. 참여자들 스스로 편안하게 느끼는 활동에 더 깊이 참여합니다.[15]

기도 제목을 나눔으로써 예수님에 대한 대화를 나눌 수도 있습니다. 외국인 여성들과 함께 커피와 차를 마시는 '잉글리시 카페 모임'이 만들어졌습니다. 이 모임에서는 참여자들이 게시판에 기도 제목을 붙일 수 있도록 했습니다. 얼마 지나지 않아 참여자들이 자신들의 기도 제목을 나누기 시작했습니다!

더 깊은 나눔을 원하는 참여자들과 함께 구도자 그룹을 만들게 되었습니다.[16]

이런 그룹 활동을 만드는 목적은 사람들을 삶의 현장에서 만나 그들의 필요에 맞는 영적 대화를 나눌 수 있는 환경을 만들기 위한 것입니다. 이 소그룹들이 바로 디딤돌입니다. 참여자들이 익숙한 환경에서, 그들의 언어로 예수님을 따르는 것이 무엇인지 대화할 수 있는 계기를 마련해 줍니다.

## 구도자를 핵심 멤버로 초대해 보세요.

영국 남서 지방의 글로스터에서는 여섯 명의 크리스천이 한 달에 한 번 주일 아침식사 모임을 주최했습니다. 매번 60명 정도가 참여했는데 축구를 비롯해 다양한 활동을 함께 진행했습니다. 사람들이 신앙에 대해서 물어볼 때는 함께 이야기를 나누었습니다.

모임을 만드는 일에 흥미를 느끼는 사람이 있을 때는 기획 모임에 초대했습니다. 함께 식사하며 기획 회의를 진행했고 기도 모임과 성경 공부(토론)도 진행했습니다. 기획 모임에 오고 싶은 사람은 한 번 참여할 수도 있고 매번 참여할 수도 있습니다. 3년 진행한 결과 핵심 기획 팀이 18명으로 늘어났습니다.[17]

복음 전도가 쉬워질 수 있습니다. 어려운 질문을 받았을 때 어떻게 답해야 할지 두려워할 필요가 없습니다. 가령 "왜 하나님은 이런 재난이 일어나도 가만히 계십니까?"라는 질문을 받을 경우 이렇게 답하시면 됩니다.

"저도 답하기 어려운 질문입니다. 제가 속한 모임에서 그런 문제를 이야기하곤 합니다. 우리 모임에 한 번 와 보시겠습니까? 함께 식사하고 모임을 기획하는 자리입니다. 예수님에 대한 이야기를 나누기도 하고 함께 기도하기도 합니다. 뭐가 됐든지 오시는 분들이 불편하지 않게 진행되는 모임입니다. 부담 없이 시간 되실 때 한 번 오세요."

다른 사람들을 핵심 모임에 초대함으로써 당신은 다음과 같은 정신을 만들어 내는 것입니다. "모든 사람을 환영합니다. 우리는 모두 참여자입니다. 함께 여정을 떠납시다. 함께 할 수 있는 일들을 찾아봅시다."

<u>모두가 참여하게 해 보세요.</u>

'일레븐 얼라이브(Eleven Alive)'라는 단체는 다양하고 유동적인 아침 워십 모임을 진행합니다. 기획자들은 두 달에 한 번 모여 점심식사를 함께 하고 4개의 팀으로 나뉩니다. 각 팀은 향후 두 달간 2주에 한 번씩 모이는 예배를 기획합니다. 중요한 것은, 누구나 기획에 참여할 수 있다는 것입니다. 크리스천은 물론이고 무신론자도 가능합니다! 이 모임은 제자를 만드는 데 많은 열매를 맺었습니다.[18]

## 예수님에 대한 이야기 나누기

사람들이 커뮤니티 내 소그룹 모임에 참여한다면 그들과 예수님에 대한 이야기를 나눌 수 있을 것입니다. 복음서에 나오는 예수님 이야기를 소개하면 어떨까요?

이런 질문을 던질 수 있습니다.

- 만약 오늘 이 사건이 일어난다면 어떤 식으로 이야기가 펼쳐질까요?

- 당신에게는 어떤 의미가 있습니까?

- 당신 삶에 어떤 변화를 일으킬 것 같습니까?

## 무엇보다 먼저, 좋은 친구가 되세요!

사람들이 원하지 않는다면 예수님에 대한 이야기를 무리하면서 꺼내지 마십시오. 사람들이 원하는 속도를 넘지 않아야 합니다. 항상 기억하세요. 그분들은 당신의 전도 프로젝트의 목표물이 아닙니다. 그들은 하나님의 사랑을 받아야 할 친구입니다. 그들에게는 당신이 작은 예수님일 수 있습니다. 인내심을 가지고 기도하면서 성령님을 신뢰하십시오.

리스트를 만들어 볼까요? 아직 예수님을 알지 못하는 친구들을 떠올려 보시고 아래에 적어 보세요.

1.

2.

3.

4.

5.

떠올린 친구들이 공통적으로 지닌 특성이 있나요? 함께 즐길 수 있는 관심사가 있나요? 아니면 친구들을 하나로 묶어 줄 다른 무언가가 떠오르나요?

당신이 사랑하는 마음으로 친구들을 섬기며 친구들이 예수님을 찾도록 도울 수 있는 작은 디딤돌을 무엇으로 만들 수 있을까요?

자연스러우면서도 적절한 방식으로 좋은 친구가 되어 주고 예수님의 사랑을 보여 줄 수 있는 방법이 있을까요?

# 6
# 예수님의 제자로 성장시키기

## 좋은 동반자가 되기

친구일 수도 있고, 멘토 혹은 리더일 수도 있습니다. 새로 신앙을 갖게 된 새신자 중에는 교회와 관련된 경험이 거의 없는 분도 있을 것입니다. 그분들의 신앙 여정은 당신의 여정과 많이 다를 수 있습니다. 이해하려는 마음을 가지십시오. 그들의 속도로 함께 걸으십시오. 성령님께서 당신을 얼마나 인내하셨는지 기억하시고 새신자에게도 그와 같은 인내를 발휘하시기 바랍니다. 전문가가 아닌 동료가 되어야 합니다. '모든 것을 아는' 사람은 그다지 도움이 되지 않습니다.

## 커뮤니티를 통해 말하기

선생님들은 잘 아는 내용입니다. 어린이들이 배울 때 정식 과목만큼이나 '숨겨진 커리큘럼'을 통해 많이 배운다는 사실을요. 바로 관계와 가치가 '숨겨진 커리큘럼'입니다.

여러분의 커뮤니티에도 '숨겨진 커리큘럼'이 있습니다. 바로 함께 공유하는 삶의 가치입니다. 새신자들에게 직접 말하지는 않아도 그들은 무언가를 배웁니다. 여러분의 커뮤니티는 무엇을 가르치고 있습니까?

한 커뮤니티는 공동 식사를 준비하면서 모든 멤버를 준비 과정에 초대했습니다. 환경이 어려운 분들까지도 포함해서 말이지요. 누구도 수혜 받는 사람이 없고 모두가 다 기여하는 사람이라는 사실을 알려 주기 위해서입니다.[19] 모든 사람이 동등하다는 것을 가르치고 있습니다.

## 예수님에 대한 대화 이끌어 내기

사람들은 질문을 하거나, 누군가로부터 들은 이야기를 자신의 이야기로 다시 재구성할 때 효과적으로 배웁니다. 새로운 아이디어를 실행하거나 다른 사람의 피드백을 들을 때 배우기도 하지요. 어떻게 하면 커뮤니티 참여자들이 스스로 배워갈 수 있도록 도울 수 있을까요?

예수님은 사람들에게 설교만 하신 것이 아닙니다. 대화를 나누셨고 소통을 위한 공간을 남겨두셨습니다(막 8:27-30; 10:17-31; 요 6:25-59). 여러분도 토론을 위한 시간을 많이 남겨두시기 바랍니다.

> 버밍엄에서 사역하는 BI는 커뮤니티 모임을 하기 전에 참여자들이
> 성경을 먼저 읽고 아이들과 토론한 후에 모임에 초대하였습니다.
> 모임에서는 나이별로 그룹을 짠 후 그들이 배운 것들을
> 나누었습니다.[20]

## 삶 속에서 예배하기

성령님은 예배를 통해 일하십니다. 그런데 그 예배는 우리의 삶과 경험에 깊이 연결되어야 합니다. 새신자와 함께 예배를 드릴 때 예배가 그들의 삶에 어떻게 연결되는지를 물어보시기 바랍니다. 그리고 그들의 일상이 어떻게 예배와 연결될 수 있는지도 물어보십시오. 일상의 삶에서 예배를 드린다는 것은 어떤 의미일까요?

한 FX에서는 다음과 같은 방식으로 예배를 드립니다.

- 모임 시작: 사람들이 하나둘 모이는 시간에 함께 찬양과 기도를 드립니다.

- 주제 소개하기: 성경 구절을 읽거나 짧은 소개 말씀을 전합니다.

- 주제 살펴보기: 그룹을 짜서 소셜 미디어를 통해 주제에 대한 토론을 하거나 친구에게 관련 주제로 이메일을 씁니다. 노래를 만들거나 예술 작품을 창작하기도 합니다.

- 하나님께 가까이 가기: 그룹별로 느낀 점, 배운 점을 나눕니다. 나눔 자체가 기도입니다. 때로 성찬을 나누기도 합니다.

예배는…

- 복잡하지 않아야 합니다. 공동 식사의 일부로 느껴질 수 있어야 합니다.

- 일상의 삶과 연결되어야 합니다. 예배가 삶에 도움이 된다고 느껴야 합니다.

- 마음에서 흘러나오는 언어를 사용해야 합니다. 진정성이 중요합니다.

- 다양하고 풍성한 예전을 경험해야 합니다.

- 참여자들이 기여해야 합니다. 각자의 달란트를 활용하고 있나요?

## 공동체 연습

예수님과 함께 걷는 것은 연습이 필요합니다. 공동체가 함께 예수님과 걷는 연습을 도와줄 수 있습니다. 이 연습들은 많은 시간을 들이지 않고 전체 모임에서, 혹은 몇 사람과 함께 진행할 수 있습니다.

예를 들어보겠습니다.

- 각자 한 주에 한 번 선행을 한 후 모임에서 어떤 일이 일어났는지 나눕니다. 6주간 반복합니다.

- 기도의 일환으로 한 그룹은 세계적인 인권 단체인 국제앰네스티를 통해 비인권적 행태에 항의하는 편지를 쓰고 다른 그룹은 또 다른 비영리 단체들과 협업하여 편지를 써 봅니다(브래드포드 교회에서 실제로 했던 활동입니다).[21]

- 서너 명이 함께 조금 더 건강한 음식을 먹기로 다짐하고 서로 약속합니다. 혹은 자녀들이 잠들기 전에 성경을 읽어 주기로 약속합니다.

- 사순절 기간 매일 저녁 같은 고백 기도문을 각자 읽기로 약속합니다.

6 예수님의 제자로 성장시키기

- 멤버들이 한 주 동안 매일 기도 제목을 문자로 주고받습니다.

## 공교회와 연결되기

그리스도인의 세례(침례)는 몸 전체, 즉 공교회와 연결된다는 의미를 가지고 있습니다. 제자가 되는 것 또한 공교회의 지도를 받고, 공교회의 일원이 되어 기여하는 것을 의미합니다. 따라서 FX도 공교회와 연결되어야 진정한 교회로서의 의미를 갖게 됩니다.

공교회와 연결된다는 것은:

- 지역 교회와 함께 교육을 진행하거나, 선교적·사회적 활동을 기획하거나, 함께 예배할 수 있습니다.

- 기독교 축제나 콘퍼런스에 참여합니다.

- 기독교 관련 정보를 얻습니다.

- 주기적으로 여러분의 모교회와 함께 예배를 드릴 수도 있습니다.

- 해외 크리스천 그룹과 함께하는 프로젝트에 참여합니다.

## 커뮤니티는 직선이 아닌 동그라미입니다.

리더십을 나눈다는 것의 의미는 스스로 동그라미의 일원이 된다는 것입니다. 다른 사람들이 자신의 재능을 발휘하면서 리더로 성장할 수 있도록 돕습니다.

어떤 모임에서 한 리더는 멤버들과 함께 성경을 읽으며 초신자들이 던지는 질문에 가급적 답을 하지 않기로 결심했습니다. "세례 요한이 누구인가요?"라고 물으면 이 리더는 멤버들에게 함께 검색해 보자고 말합니다. 모임 참여자들이 리더만 의지하지 않고 성령님의 감동을 따라 서로에게 배울 수 있도록 배려한 것입니다.

기억하십시오. 우리의 목표는 사람들이 예수님과 함께하는 여행을 잘 떠날 수 있도록 옆에서 함께 걷는 것입니다. 그들이 예수님의 제자로서 성장하고 예수님과 더 깊은 관계를 맺게 된다면, 여러분은 그들이 그룹 내에서 더 많은 책임을 감당할 수 있도록 도와야 합니다. FX가 제대로 작동하기 위해서는 교회와 예배를 소비하는 소비주의를 극복해야 하는데, 그 핵심은 주인의식입니다.

• 당신이 속한 그룹 내에서 작동하는, 혹은 작동하기 원하는 '숨겨진 커리큘럼'은 무엇입니까?

• 동그라미 같은 커뮤니티에 속해 본 적이 있으신가요? 어떤 점이 달랐나요? 무엇이 좋았고, 어떤 점이 어려웠습니까?

• 그리스도인들은 말하기는 좋아하는 반면 듣는 것에 약합니다. 상대방이 들었으면 하는 것들을 말하면서 상대방이 무슨 말을 하고 싶은지 관심을 주지 않는 경우가 많지요. 지난 챕터 마지막에 적었던 친구들을 생각해 보세요. 그 친구들과 예수님에 대해 이야기 나누려면 먼저 어떤 것들을 해야 할까요?

• 친구들에게 어떤 질문을 던지시겠습니까?

• 친구들과의 대화를 이끌어 가는 상황을 생각해 보세요. 어떤 모습인가요?

# 7
# '교회의 새로운 표현(FX)'을 재생산하기

FX가 건강하게 성장하면 또 다른 FX를 낳습니다.
믿음이 성장한 제자들에게 리더의 역할을 수행할 기회가
주어진다면 주인의식을 갖게 되고 더 크게 성장합니다.
성장한 리더십은 적절한 시기가 되면 하나님나라를 위해
새로운 것들을 시도하게 됩니다. 재생산이 본질적으로
중요한 네 가지 이유가 있습니다.

1. 2장에서 봤듯이 하나님은 신앙인들이 홀로 나가
고군분투하기보다 크리스천 커뮤니티와 함께 일상에서
선교적 삶을 살아갈 것을 기대하십니다.

FX를 만들어가는 사람들에게 커뮤니티와 함께하는
원칙은 중요합니다. 당연히 FX를 통해 신앙 여정을
시작하는 사람들도 같은 관점을 갖게 됩니다. 그들도
커뮤니티와 함께 신앙 여정을 밟아 가게 되고 선교적
삶을 살아갈 수 있게 됩니다. FX를 시작하는 것은
그들에게도 이러한 원칙을 배울 수 있는 기회입니다.

2. 교회 역사를 보아도 교회는 재생산을 통해 퍼져
나갔습니다. 사도행전을 보면 새롭게 신앙을 가지게 된
사람들이 교회 개척을 주도합니다. 구브로와 구레네에서
예루살렘을 방문한 유대인들이 예수님을 알게 되었고
핍박으로 인해 예루살렘을 떠날 수밖에 없었습니다.
그래서 정착한 곳이 안디옥이었고 거기서 교회를 시작한
것이죠.

## 새로운 회심자들이 초대교회를 세운 거라면, 지금이라고 그렇게 못할 이유가 있을까요?

3. FX가 성장하는 가장 좋은 방법은 재생산입니다. 크리스천 커뮤니티가 형성되고 빠르게 성장한 후에 정체되는 현상을 많이 봅니다. 새로운 커뮤니티를 시작하는 것이 이러한 정체를 미연에 방지하는 방법입니다.

한 교회 사역자가 공공 주택 단지에 위치한 자신의 집에서 크리스천 커뮤니티를 시작하게 되었습니다. 공간이 비좁아지자 새로운 커뮤니티를 시작하는 대신 근처 학교로 모임 장소를 옮겼습니다.

큰 실수였지요!

공공 주택 단지에 사는 분들 중에는 학교를 싫어하는 사람들이 있었습니다. 학교를 통해 커뮤니티에 들어오는 사람도 있었지만 기존 멤버들이 떠나기도 했습니다. 더 큰 커뮤니티가 되기보다 작은 그룹으로 분립하는 것이 더 나은 선택이었을 것입니다. 하나님 나라에서는 큰 것이 무조건 좋은 것은 아닙니다.

4. FX를 지속하는 것보다 재생산이 더 중요합니다. 어떤 FX는 오랜 기간 지속되겠지만, 또 어떤 FX는 한 시즌만 활동할 수도 있습니다. 성령님은 둘 다 사용하시고 함께하십니다.

예루살렘 교회는 상대적으로 길지 않은 기간 동안 존재했습니다. 완전히 붕괴되어 버린 주후 70년까지만 있었지요. 그러나 사역의 열매가 아주 풍성했습니다. 많은 유대인들이 예루살렘을 방문했을 때 예수님에 대해서 들었고 집으로 돌아가 교회를 시작했습니다. 심지어 로마에서도 교회가 일어났지요. 교회가 얼마나 지속하느냐보다 더 중요한 것은 어떤 열매를 맺느냐입니다.

# 재생산을 위한 세 가지 원리

## 1. 새로운 가능성을 마음에 심기

새롭게 신앙을 갖게 된 분들이 FX를 시작하는 것을 신앙의 일부로 이해하도록 도와야 합니다. FX를 시작하는 일은 그렇게 특별한 사람들만 할 수 있는 것이 아닙니다. 일단 직접 경험하고 나면 일상의 일부로, '뉴노멀'로 받아들이게 됩니다.

새신자에게 그리스도인이 된다는 것이 무엇인지 설명할 때 두세 사람의 신앙인이 모여 이웃과 함께 커뮤니티를 만들고 그 안에서 이웃을 섬기며, 적절한 시기에 예수 그리스도를 나누는 것이라고 말할 수 있지 않을까요? 커뮤니티를 통해서, 그 안에서 형성된 관계를 통해 성령께서 어떻게 일하시는지 우리는 목격하게 될 것입니다. 바로 우리가 그에게 했던 것처럼 말입니다. 그렇게 배운 새신자는 자신도 시작할 수 있다는 가능성을 마음에 품게 될 것입니다.

## 2. 심플함 유지하기

사람들에게 예수님을 소개할 때 기도하는 마음으로, 그들이 따라 할 수 있는 방식을 활용하십시오. 가령 그들과 좋은 영상을 함께 본다면 그들도 다른 친구들에게 영상을 보여 줄 수 있겠지요. 성경을 함께 볼 때 일방적인 설명보다는 구도자가 스스로 성경을 이해할 수 있도록 다양한 방법을 활용해야 합니다. 설명을 듣는 사람이 어렵지 않게 받아들일 수 있도록 하는 것이 중요합니다. 다음 질문들을 활용해 보세요.

- 이 이야기가 오늘 일어난다면 어떤 모양으로 스토리가 전개될까요?

- 당신에게는 어떤 의미로 다가오나요?

- 당신의 삶에서 어떤 변화를 가져올 수 있을까요?

새롭게 신앙을 가지게 된 분들이 그들의 친구들과도 나눌 수 있는 기도 방식을 찾으십시오. 예배에서도 마찬가지입니다. 공개적으로 노래 부르는 것을 부끄러워하는 분이 있나요? 함께 가스펠을 듣는 것은 어떨까요?

3. 새신자에게 멘토 되기

그들을 초청하고 그들의 삶 속으로 들어가십시오.
4장 '시작하는 방법'을 그들의 삶 가운데서 적용할
방법을 찾아 보세요. 그들에게 맞는 모델을 찾는 것이
열쇠입니다. 자기의 삶의 맥락에서 FX를 시작할 수 있는
방법을 스스로 찾아내도록 도우십시오.

## 두 가지 사례

케임브리지 지역 학교 돌봄 교실에 자녀를 맡기는 부모와
보호자들이 함께 토의 모임을 만들었고 그 모임에서 신앙을 갖게
된 분들이 있었습니다. 참여자들은 이 모임을 통해 경험하는 것들이
정말 좋았기 때문에 그들의 친구들을 초대하기 원했습니다. 그러나
대부분의 친구들은 그 시간에 직장에서 일을 하고 있었습니다.
그래서 토요일 오후에 모이는 '써스트 투(Thirst Too)'라는 별도의
모임을 그들의 친구들을 위해 만들었습니다. [22]

'소티드(Sorted)'라는 단체는 청소년들의 목소리를 듣기 위해 만들어진 커뮤니티입니다. 이 커뮤니티를 통해 도움을 받은 청소년들이 나이가 들면서 '우리도 도움을 받았던 것처럼 다음 세대를 도울 수 있지 않을까'라는 생각으로 11세에서 14세 사이 청소년들이 주축이 되어 또 다른 커뮤니티를 형성했습니다.

• 왜 우리는 교회를 생각할 때 큰 것이 좋다는 생각을 하게 될까요? 이것이 맞는 생각일까요?

• 잠시 건강한 인간의 생애 주기를 생각해 봅시다. 건강한 인간의 생애 주기와 교회나 FX의 생애 주기를 비교해 본다면 어떤 점이 비슷할까요?

• 재생산의 핵심은 커뮤니티 멤버들이 FX를 재생산하는 것에 대한 기대를 가지고 있느냐는 것입니다. 재생산 아이디어를 커뮤니티 구성원들에게 이야기할 때 어떤 단어와 어떤 문장을 사용하시겠습니까? 여기에 적어 보세요.

# 8 열매 살피기

FX의 열매를 살펴보는 것은 성령님의 사역을 분별하는 것이라고 할 수 있습니다. 어떤 목표를 이루었는지 따지는 것이 아닙니다. 성령께서 어떤 일을 해오셨고 어떻게 나를 사용하시는지, 앞으로 어떤 사역을 해야 하는지 성찰하는 작업입니다. FX가 맺은 열매를 살펴보는 핵심 원리에 대해 알아보겠습니다.

## 기도 안에 심어 놓기

열매를 살피는 일은 어쩌다 한 번이 아니라 계속되어야 하는 일입니다. 기도할 때마다, 사역을 계획할 때마다 해야 합니다.

실제로 기도하고 사역 계획을 세울 때 틀거리로 활용할 수 있습니다. 다음 질문들을 참고하세요.

- 어떤 일이 일어나고 있습니까? 하나님께서 어디로 인도하셨습니까? 그룹 멤버들과 마지막으로 만난 이후로 어떤 일들이 일어났습니까? 이 질문들을 성찰하면서 하나님께 기도하십시오.

- 어떤 일들이 일어날 것 같습니까? 다음 스텝은 어떻게 밟아야 할까요? 하나님께 상상력을 더해 달라고 기도하십시오.

- 어떤 일을 하시겠습니까? 누가, 무엇을, 언제 할지 논의하십시오. 하나님의 도우심을 구하십시오.

## 'FX를 향한 여정'을 참고하여 기도를 드리십시오.

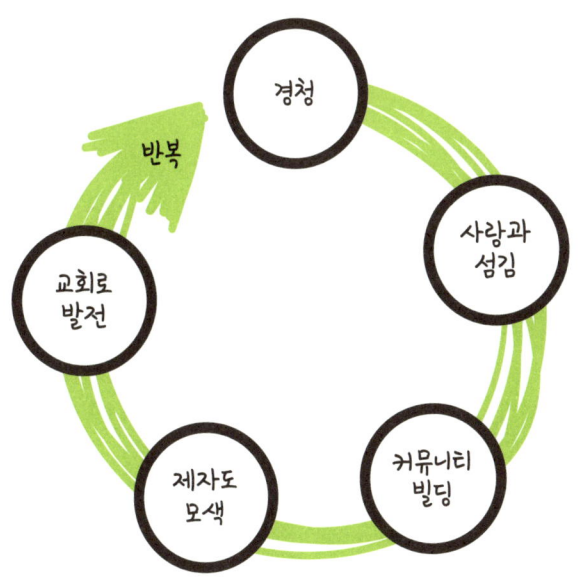

'FX를 향한 여정' 가운데에서 다음과 같은 성찰 질문을 반복해 보세요.

- 어떤 일이 일어나고 있습니까? 여정의 어떤 단계까지 오셨습니까?

- 어떤 일들이 일어날 것 같습니까? 여정의 다음 단계에서 취할 수 있는 활동들은 무엇이 있을까요?

- 어떤 일을 하시겠습니까? 여정의 어떤 단계에 더 집중해야 합니까?

FX를 개척한 모교회의 개척 부서 담당자나 교단의 관리자라면 이 간단한 질문들이 FX 개척 사역의 열매를 가늠하는 효과적인 평가 방법일 수 있습니다. 이 질문들을 기반으로 FX 리더들과 논의하면서 모교회와 FX가 같은 목표를 향해 나아가고 있는지 확인할 수 있습니다.

사역의 열매를 살필 때 단순히 얼마나 많은 사람이 오갔는지를 셀 것이 아니라 어떤 과정을 거쳐서 어느 길로 가고 있는지를 보아야 합니다.

모임의 숫자로 사역을 평가하는 것은 많은 어려움을 야기합니다. 과연 만족할 수 있는 숫자가 있을까요? 예수님은 하나님 나라를 겨자씨에 비유하셨습니다(마 13:31). FX는 보통 규모가 작습니다. 그러나 그 열매는 풍성할 수도 있습니다. 기존 교회 중에도 적은 숫자가 모이는 경우가 많습니다. 그러니 성공의 잣대로 숫자를 내미는 것은 조심해야 합니다.

사역의 성공은 목표 지점에 얼마나 가깝게 다가갔느냐, 얼마나 움직였느냐로 보는 것이 더 타당합니다. 'FX를 향한 여정'은 목표를 향해 한 단계씩 나아가는 것이 어떤 의미인지 볼 수 있도록 도와줍니다.

멤버들과 함께 목표를 정할 수 있을 것입니다. 가령 12개월 안에 'FX를 향한 여정' 다음 단계로 들어가는 것을 목표로 정했다고 합시다. 그러나 실제 사역의 진행은 유연해야 합니다. 언제나 뜻밖의 선물을 준비하시는 성령님께서 다른 아이디어를 가지고 계신지도 모릅니다.

기억하십시오. 'FX를 향한 여정'은 생각했던 것보다 더 어려울 수 있습니다.

FX는 많은 경우 예상치 못했던 기회에 적절히 대응하는 과정에서 성장합니다.

> 아크 플레이&카페(The Arc Soft Play and Cafe)도 그런 경험을
> 했습니다. "아크와 함께 있는 교회가 우리를 정말로 예상할 수 없는
> 방향으로 이끌어 가더라고요."²⁴

목표 달성에 초점을 맞추다 보면 급하게 추진하게
되고 FX의 핵심 요소인 '경청'을 소홀히 하게 됩니다.
"우리 주변 상황을 경청하는 것에만 시간을 보낼 수
없어. 뭔가 시작했다는 걸 보여 줘야 해." 이런 태도로
시작한다면 초기에 사역의 방향과 초점을 잃어버릴
수 있습니다. '시장 조사' 없이 비즈니스를 시작하는
것이나 마찬가지입니다. 상황에 맞지 않는 사역 방향으로
초기부터 방황할 수 있습니다.²⁵

## 평가의 핵심은 제자도

'FX를 향한 여정'이 87페이지 도표 왼쪽에 들어서기
시작하면 그때부터는 성숙에 초점을 맞추게 됩니다.
어떻게 영적 성장을 평가할 수 있을까요?

교회의 네 가지 핵심 요소를 활용할 수 있습니다. 서로
연결되어 있는 이 네 가지 요소는 교회의 심장이라 할 수
있습니다.

- UP: 하나님과의 연결

- IN: 성도 간의 연결

- OUT: 세상과의 연결

- OF: 공교회와의 연결

1년에 한 번 정도 성찰 질문을 교회의 핵심 관계적 요소와 연결하여 평가에 활용할 수 있습니다.
'UP: 하나님과의 연결' 요소를 돌아볼 때 성찰 질문을 활용하는 과정을 예시로 들어보겠습니다.

- 어떤 일이 일어나고 있습니까? 현재 커뮤니티가 하나님과 어떤 관계를 맺고 있습니까? 하나님과의 관계 측면에서 커뮤니티의 강점과 약점은 무엇입니까? 1년 전 설정했던 목표를 이루었습니까(예를 들면, 복음에 관한 짧은 배움 과정 운영)? 커뮤니티가 어떤 영향력을 미치고 있습니까?

- 어떤 일들이 일어날 것 같습니까? 다음 12개월 동안 어떤 목표들을 달성할 수 있을까요?

- 어떤 일을 하시겠습니까? 여러 가능성 중에 우리가 집중해야 할 사역은 무엇입니까?

세 가지 성찰 질문을 활용하여 나머지 교회의 핵심 요소인 IN, OUT, OF 모두 점검할 수 있습니다. 이렇게 사역의 목표를 정하고 일정 기간 후 평가하는 성찰 체계를 구축합니다. 그러나 다시 한번 강조하지만 목표 달성에 집착해서는 안 됩니다. 성령님께서 언제든지 새로운 길로 인도하실 수 있습니다.

기존 교회도 위에서 설명한 방식을 활용하여 새로운 사역을 기획하고 검토하는 성찰 체계를 구축할 수도 있을 것입니다.

• 믿음의 관점으로 사역의 열매를 측정한다는 것이 어떤 의미일까요?




• 이번 챕터를 읽고 나서 가장 이상적인 FX를 어떻게 설명하겠습니까? 어떤 요소들이 이상적인 FX를 구성하나요? 어떤 모습일까요? 어떻게 활동을 할까요? 어떤 가치가 중요할까요?




• FX를 이끌어 가거나 멤버로 참여하고자 할 때, 당신이 가장 기대하는 것 세 가지를 적어 보세요. 어떤 모습을 보기 원하나요?

1.

2.

3.

# 9 그래서 어떡하죠?

이제 당신 차례입니다.

이제 당신 차례입니다.

기도하는 마음으로 이 작은 책에 담긴 이야기들을
다시 마음에 새겨 보세요. 당신의 삶을 뒤바꿀 수 있는
가능성이 이 이야기들에 담겨 있습니다.

하나님은 당신을 유일한 존재로 만드셨고 독특하고
특별한 재능을 주셨습니다. 그리고 하나님 나라를 위해
당신만이 가지고 있는 경험, 기술, 열정을 주셨습니다.
나아가 당신의 삶에서 바로 지금 꼭 있어야 할 자리로
인도하셨습니다. 어쩌면 바로 지금이 배에서 뛰어내려
새로운 교회를 향한 발걸음을 내디뎌야 할 때 아닐까요?

지금 교회는 새로운 생명의 파도를 간절히 기다리고
있습니다. 우리나라가 예수님의 이름으로 다시 한번
부흥하기 위해서는 기도의 물결이 일어나야 합니다.
그리고 무엇보다 사람이 필요합니다. 자신의 안위보다
하나님의 영광을 더 높이 올리는 데 열정을 바칠 사람들
말입니다.

성령님에게 완전히 사로잡혀 하나님을 위해 새로운
것들을 시작할 사람들.

모든 삶의 영역에서 크리스천 커뮤니티를 세우는 비전에
사로잡힌 사람들.

이 세상에 예수님이라는 놀라운 선물을 주고 싶은
열정으로 가득한 사람들.

어쩌면 당신 아닌가요?

이 책은 초대장입니다. 당신이 예수님을 만났던 그 순간에
보내진 초대장. 역사를 바꾸는 일에 예수님과 파트너가
되지 않으시겠습니까? 당신과 당신 주변 이웃들을
위해서요.

당신 차례입니다. 무엇을 하시겠습니까?

# 주

1. 사도행전 2장; 사도행전 4장
2. 사도행전 2장 47절
3. 사도행전 18장 23-41절
4. www.freshexpressions.org.uk/stories/legacyxs
5. www.freshexpressions.org.uk/stories/saturdaygathering
6. 조지 링스(George Lings)가 2014년 3월 21일에 마이클 모이나(Michael Moynagh)/노먼 아이비슨(Norman Ivison)에게 보낸 이메일; Church Army Research Unit, *An analysis of fresh expressions of church plants begun in the period 1992-2012*, Church Army/Church of England: 2013, p. 6.
7. 조지 링스가 2014년 3월 21일 마이클 모이나/노먼 아이비슨에게 보낸 이메일.
8. www.freshexpressions.org.uk/stories/cookatchapel/feb 14
9. 실라 포터(Sheila Porter)가 2015년 1월 12일에 마이클 모이나에게 보낸 이메일.
10. Church Army Research Unit, *An analysis of fresh expressions of church and church plants begun in the period 1992-2012*, Church Army/Church of England: 2013, p. 6.
11. www.freshexpressions.org.uk/stories/kairos를 보세요.
12. www.freshexpressions.org.uk/stories/hotchocolate
13. Nigel Cross, *Design Thinking*, London: Bloomsbury, 2011.
14. 크리스 러셀(Chris Russell)이 2014년 12월 18일 마이클 모이나에게 보낸 이메일.

15. www.freshexpressions.org.uk/stories/xpressions/oct14
16. 캐럴라인 뉴볼트(Caroline Newbolt)가 2015년 1월 5일 마이클 모이나에게 보낸 이메일.
17. 2014년 12월 23일 이안 메러디스(Ian Meredith)가 마이클 모이나에게 보낸 이메일.
18. 2014년 10월 16일 팀 미첼(Tim Mitchell)과의 인터뷰
19. 펄리시티 빈센트(Felicity Vincent)가 2015년 1월 7일 마이클 모이나에게 보낸 이메일.
20. www.freshexpressions.org.uk/stories/B1
21. Chris Howson, A Just Church: 21st Century Liberation Theology in Action, London: Continuum, 2011.
22. www.freshexpressions.org.uk/stories/thirsttoo
23. www.freshexpressions.org.uk/stories/sorted/nov15
24. www.freshexpressions.org.uk/stories/arkcrawcook/oct14
25. Michael Moynagh, *Being Church, Doing Life*, pp. 319-44에서 질문 예시를 포함해 이 부분을 더 살펴볼 수 있습니다.

---

\* 주 4, 5, 8, 11, 12, 15, 22, 23, 24에 기록한 웹사이트 주소는 현재 존재하지 않습니다. 관련 정보를 www.freshexpression.org.uk 또는 프레시 익스프레션즈 유튜브 채널(www.youtube.com/freshexpressions)에서 찾아보실 수 있습니다. 일부 정보는 찾지 못하실 수도 있습니다. - 옮긴이

# 도움이 될 만한 저자들의 다른 책들

===== **마이클 모이나**Michael Moynagh

*Being Church Doing Life: Creating gospel communities where life happens.*

*Church for Every Context: An Introduction to Theology and Practice.*

===== **롭 피보디**Rob Peabody

*Citizen: Your role in the alternative kingdom.* citizenthebook.com

*Intersect: Where your story and God's story converge.* intersectseries.com

## 본문에 사용된 그림

*pp. 16-17. ©TeraVector, shutterstock.com*
*p. 26. ©miniwide, shutterstock.com*
*p. 35. ©miniwide, shutterstock.com*
*p. 46. ©autumnn, shutterstock.com*
*p. 48. ©Boyko.Pictures, shutterstock.com*
*p. 59. ©miniwide, shutterstock.com*
*p. 66. ©autumnn, shutterstock.com*
*p. 96. ©Vectorium, shutterstock.com*

## 리프레시
교회 밖에서 교회로 살아가는 새롭지만 낯설지 않은 방법

| | |
|---|---|
| 초판 발행 | 2020년 11월 30일 |
| 지은이 | 마이클 모이나·롭 피보디 |
| 옮긴이 | 강도현 |
| 펴낸이 | 강도현 |
| 편집 | 김은석 |
| 펴낸 곳 | 뉴스앤조이 |
| 등록번호 | 제2016-000072호 |
| 주소 | 서울 중구 퇴계로36가길 97 1층 |
| 전화 | (02) 744-4116 |
| 이메일 | task@newsnjoy.or.kr |
| ISBN | 978-89-90928-26-9 (03230) |

©뉴스앤조이 2020

책값은 뒤표지에 있습니다.